Das folgende Impressum basiert auf den Anforderungen des Hessischen Pressegesetzes (HPresseG) für nicht-periodische Druckwerke.
Dieses Buch erscheint als eBook und Taschenbuch auf:
Amazon Europe Core S.à r.l. (Société à responsabilité limitée),
5 Rue Plaetis,
L-2338 Luxemburg
Sowohl das eBook, als auch die Taschenbuch-Ausgabe dieses Buches, wurden über *„Kindle Direct Publishing"* erstellt. Dies ist ein Service von Amazon.
Der Autor dieses Buches ist:
Oliver Grytzmann
Candid Rhetorics
Antoninusstr. 84
60439 Frankfurt am Main
E-Mail: info@candid-rhetorics.de
USt-Identifikationsnr.: DE 301704570
Online finden Sie das Impressum von Candid Rhetorics unter:
http://www.candid-rhetorics.de/impressum

WARNUNG

Dieses Buch unterscheidet sich von anderen Ratgebern!

Wir vom Unternehmen Candid Rhetorics glauben an

- direkte Sprache,
- das Äußern von ehrlichen Meinungen, anstatt von sinnbefreitem, aber wohlklingendem Marketing, PR oder Akademiker-Sprech
- das Erklären mithilfe praktischer Beispiele.

Wir halten uns diese Grundsätze heilig, weil wir Ihnen, als Leser, zum Thema dieses Buches Antworten auf **die Fragen** geben möchten, **die Sie wirklich interessieren** und die **im wirklichen Berufsleben einen Nutzen bringen**. Das Abmildern, und somit das Verwässern, von Sprache, um *„bei niemandem Anzuecken"*, werden Sie in unseren Büchern, als auch in unserer Beratung, nicht finden!

Über unsere *„Glaubenssätze"* wacht inspirierend und drohend zugleich das Logo unseres Unternehmens - der Hofnarr! Dieser *„Jester"* steht als Symbol für das beständige Hinterfragen von Ideen, Routinen und Regeln - angefangen bei unseren eigenen. Der Narr duldet Altbewährtes, sucht unermüdlich das Neue und weiß, dass die Ideen von gestern nicht notwendigerweise die Probleme von heute lösen.

Wir, und insbesondere ich als Autor, hoffen Sie mit unserem *„Narren-Geist"* begeistern, unterrichten und vielleicht auch aufregen zu können. Entwicklung entsteht immerhin nur durch das Reiben von gegensätzlichen Kräften!

Inhaltsverzeichnis

Kapitel Zero: Ihre Zeit ist mir wichtig

Vorneweg eine Definition, damit wir unmissverständlich über dieselben Dinge nachdenken werden: Der Duden beschreibt *„Kopfkino"* als das Ablaufen von Ereignissen in unserer Fantasie. Eben dieses kreative Flimmern von mentalen Bildern in den Köpfen Ihres Publikums soll durch das Nutzen von Storytelling (das Erzählen von Geschichten) in Ihren Präsentationen erreicht werden.

Der Grund: Wer sich sprichwörtlich und auch faktisch kein Bild von Aussagen, Zahlen und Statistiken machen kann, hört nicht zu! Schlimmer noch: Er oder sie empfindet die präsentierten Inhalte dann als uninteressant und nervtötend. Dieses Schicksal, das so vielen Rednern tagtäglich widerfährt, werden Sie durch das Lesen dieses Buches gekonnt vermeiden lernen.

Die meisten von Ihnen, die sich für den Inhalt dieses Buches interessieren, stehen vor einer beruflichen Präsentation vor wichtigen Menschen - und wahrscheinlich merken Sie gerade: *„Auf den letzten Drücker bekomme ich nichts Vernünftiges auf das Papier!"* Was Sie jetzt nicht brauchen: Ewig lange Texte zur Theorie von guten Präsentationen (gähn), die von Menschen geschrieben wurden, die selbst nie oder selten professionell auf einer Bühne gestanden haben.

Ich möchte Ihnen in dieser Einleitung daher zwei Dinge mitgeben: Das Versprechen, praktische(!) Tipps für Ihre anstehende Präsentation zu liefern und Ihnen das Vertrauen zu geben, dass ich weiß, wovon ich rede.

Das Versprechen haben Sie von mir, folgt also mein Bemühen um Ihr Vertrauen.

Seit meinem Studium habe ich vor den unterschiedlichsten Charakterköpfen gesprochen: linken Ultra-Feministen, Mitgliedern von Burschenschaften, Professoren, Mitstudenten und Rechtsanwälten.

Kurz: Ich war Teil der akademischen Debattierszene in Frankfurt am Main, in Mainz und sogar in Würzburg. Wir haben zu Themen gesprochen, die aktuell in Deutschland wichtig waren, und unsere Meinung beim Debattieren wurde für jede neue Debatte zugelost. Wir haben also auch Ansichten von uns gegeben, an die wir persönlich nicht glauben. Ein *„Brain-Fuck"*, der sehr lehrreich ist, wenn es darum geht, gut Meinungen vertreten zu lernen.

Dann wurde ich zu alt für das studentische Debattieren und ich wechselte zu den Toastmasters. In Deutschland ist die Organisation wenig bekannt, international setzen aber Großkonzerne wie Apple, Toyota und John Deere auf diese Form des Lernens hin zum Redemeister oder zur Redemeisterin.

Zusammengerechnet bin ich seit 8 Jahren im Öffentlichen Reden unterwegs – und meine Reise geht weiter, wahrscheinlich bis zu meinem Todestag. (Ich bin beim Tippen dieser Zeile 36 Jahre alt, also habe ich noch eine lange Karriere vor mir. Hoffentlich!)

„Was hat das Ganze mit Storytelling zu tun?" fragen Sie sich. Zurecht! Nun, ebenso lange – also 8 Jahre – bin ich außerdem Schauspieler im professionellen Improvisationstheater. Geschichten erzähle ich also nicht nur auf der Redner-Bühne, sondern auch beim Theater vor dem Durchschnittsbürger, vor Managern (wir spielen auch Unternehmenstheater) und ebenso vor Kindern. Klicken Sie hier, um einen visuellen Einblick in die Arbeit unseres Theater-Ensembles zu bekommen.

Mein Wunsch ist, dass Sie sich nun sicher fühlen, sich von mir *„etwas sagen zu lassen"*, wenn es darum geht, Storytelling in Ihren Präsentationen zu nutzen.

Jetzt aber genug des nicht praxis-orientierten Vorwortes und hinein in die Welt des Anpackens… Sie haben schließlich wenig Zeit!

Kapitel Eins: Sehen Sie Ihr Publikum, wie es ist!

OK, Sie präsentieren also. Angenommen, Sie sind Verkäufer und bei einem Kundentermin. Ihr einziges Ziel ist, die Menschen gegenüber am Tisch zum Kaufabschluss zu bewegen. Mit diesem Satz sage ich auch etwas zwischen den Zeilen: es geht um **Kontrolle**! Sie müssen diese Kontrolle besitzen und nutzen, um zum Kaufabschluss zu gelangen! Dasselbe gilt, wenn Sie in einem anderen Rahmen präsentieren: bei einem Netzwerk-Event, bei einer Gala oder bei einem Vier-Augen-Gespräch. Die Kontrolle über die Situation soll **bei Ihnen liegen** und Sie sollten diesen Einfluss nutzen, um die Anwesenden auf Ihre Seite zu bewegen.

Warum brauchen Sie Kontrolle? Das ist doch heutzutage ein solch politisch-unkorrektes Wort!

Nun, ohne Kontrolle nimmt Sie keiner Ernst! Ein Beispiel, das jeder von Ihnen kennt: Sie befinden sich in einem Raum mit 150 Menschen bei einem Tag zum Thema… sagen wir *„Digitalisierung"*. 8 Speaker sind geladen (Sie sind einer davon), denen das Publikum nacheinander zuhören soll. Beobachtung Nr. 1: Solange kann kein Mensch aufmerksam zuhören! Beobachtung Nr. 2: Sie sind Speaker Nr. 4 und die ersten 3 Redner vor Ihnen waren grauenhaft schlecht! Ihr Magen zieht sich zusammen, ihre Hände werden feucht, die Anzahl an unnötigen (weil nervösen) Körperbewegungen nimmt zu.

Zu Recht, denn seien wir jetzt ganz ehrlich miteinander: das Publikum möchte zu diesem Zeitpunkt aus dem Raum fliehen, aber seine anerzogenen Anstandsformen hindert es daran (oder die Erwartung an das Buffet in der Pause).

Diese Geisteshaltung ihrer Hörer können Sie als Redner bejammern - und viele tun das auch. Diese Einstellung ist aber weder erwachsen noch führt sie zu irgendwas.

Nehmen Sie das Publikum also so, wie es ist; und nicht so, wie Sie das Publikum gerne antreffen würden.

Hofnarren-Tipp

Die erste Fähigkeit, die für das Generieren von Kopfkino notwendig ist, ist also die des bewussten Wahrnehmens Ihres Publikums. Ist es zur Tode gelangweilt? Fragen Sie sich: Was fehlt den Leuten in den Stühlen von den Personen auf der Bühne? Ist es Elan, eine selbstsicherere Körpersprache oder eine Art zu sprechen, die natürlich, und nicht aufgesetzt, wirkt? Steuern Sie gegen diese negative Welle in den Köpfen Ihrer Hörer an, indem Sie ihnen geben, was es als Publikum braucht! Sie sehen: für das Schaffen von Kopfkino vor dem geistigen Auge Ihrer Hörer benötigen Sie die Furchtlosigkeit vor dem flexiblen Anpassen Ihrer mitgebrachten Inhalte!

Kontrolle sieht nun folgendermaßen für Sie aus: Sie ändern den Gemütszustand des Publikums und halten(!) diesen neuen, für Sie günstigen, Gemütszustand Ihrer Hörer.

Unterkapitel: Das Publikum auf Ihre Seite ziehen

Oben im Beispiel mit den 8 aufeinander folgenden Speaker können Sie sehen: Aufmerksamkeit bekommen Sie keinesfalls geschenkt. In diesem Sinn widerspreche ich auch der weitläufigen Meinung, wonach Sie als Redner in den ersten paar Sätzen Ihrer Rede einen *„Vertrauensvorschuss"* Ihrer Hörer erhalten. Diesen Bonus erhalten Sie - wenn überhaupt - z.B. am Anfang eines Event-Tages, wenn Sie zu den ersten Rednern gehören und die Anwesenden noch frisch sind. Und selbst in diesem günstigen Fall sollten Sie nicht auf das Wohlwollen Ihrer Zuhörer vertrauen, sondern bereits aktiv Kontrolle über die Situation im Vortrag ausüben. Diese Kontrolle erhalten Sie am Anfang Ihrer Präsentation u.a. so:

Steigen Sie mit einem ungewohnten Beginn in Ihre Präsentation ein! Sitzen Sie bei einem Event z. B. in der letzten

Reihe, oder mitten im Publikum, und beginnen Sie von dort aus zu sprechen (natürlich mit Mikrofon oder Head-Set).
Eben diesen Ansatz habe ich bei einem Vortrag von mir zum Thema E-Commerce benutzt. Ich war der vorletzte Speaker eines langen - und mitunter langweiligen - Tages und ich brauchte die Aufmerksamkeit meines Publikums. Besonderer Schwierigkeitsgrad: mein Thema drehte sich um das Generieren von Aufmerksamkeit! Also begann ich von der letzten Reihe mit den folgenden Worten: *„Herzlich willkommen zurück nach der Pause meine Damen und Herren – und mein Dank, dass Sie an meinem kleinen Experiment mitmachen. Dass Sie nämlich Ihre Aufmerksamkeit von der Bühne zu mir nach hinten verlagern. Denn genau so einen Wechsel in der Aufmerksamkeit wollen Sie doch auch bei Ihren Kunden auslösen, wenn diese im Internet einkaufen! Die Leute sollen nicht irgendwo shoppen, sondern ihre Augen genau auf Ihren(!) Shop lenken, nicht wahr?"*
Was habe ich gemacht? Zunächst habe ich meine Hörer aus ihrer Lethargie gelöst, also raus aus der mentalen Haltung: *„NOCH so ein langweiliger Vortrag, Herrje!"* Mein Ansatz war etwas Neues; so hat an diesem Tag noch niemand vor mir angefangen und auch generell startet so niemand in eine Rede.
Drum merken Sie sich bitte: **Neues schafft Aufmerksamkeit**!
Ich habe dazu noch etwas gemacht: Anstatt in wilder Spontanität loszuplappern, habe ich den Keim einer Geschichte in die Köpfe meiner Hörer gelegt. Ich habe das Kopfkino - das ich ihnen im Titel dieses Buches versprochen habe - bereits in den ersten Sätzen meiner Präsentation anlaufen lassen, und dabei den intuitiven Drang von Menschen genutzt, sich einer sie ansprechenden Stimme zuzuwenden. *„Ja, genau!"* so sollte das Publikum bei seiner Kopf- und Körperbewegung denken: *„Genau diese Aufmerksamkeit will ich auch online generieren, wenn Menschen auf der Suche nach Produkten sind, die ich anbiete. Der Fokus soll auf MEINEN Shop fallen, so wie ich jetzt Herrn Grytzmann meine Aufmerksamkeit widme."*

Und so kommt Ihr Publikum ins Grübeln über das *„Was wäre wenn…?“* - und mentale Bilder entstehen in den Köpfen der Zuhörer, was sie mit dieser Aufmerksamkeit - wenn sie diese denn besäßen - alles machen würden in ihrem Business. Im gleichen Moment erhalten Sie als Redner Aufmerksamkeit (und somit Kontrolle!) über den Beginn Ihrer Präsentation.
Warum? Weil Sie vom Start weg zeigen, dass Sie etwas zu bieten haben, wofür die Leute auf den Stühlen gewillt sind Geld auszugeben.
Merken Sie sich an dieser Stelle bitte ebenso: Beginnen Sie Ihre Präsentation mit dem fehlenden Puzzle-Stück, nach dem sich Ihre Hörer sehnen. In diesem Fall: nach einem Weg, online Kunden zum Kauf zu bewegen.
Wir Menschen sind selbstbezogene Wesen, deshalb vertrödeln Sie in den ersten Minuten Ihrer Präsentation nicht Ihre Zeit damit, mit Belanglosigkeiten vor Ihr Publikum zu treten. Zu diesen Belanglosigkeiten gehören: Ihr Unternehmen in einem *„Werbeblock“* anzupreisen (denken Sie nur mal an die vielen *„Das sind unsere zufriedenen Kunden!“* PowerPoint Slides, die Sie in Ihrem Berufsleben bereits ertragen mussten), mit einem einstudierten Witz zu starten (der zumeist ohnehin in die sprichwörtliche Hose geht und in jedem Fall belanglos ist) oder mit einer Anekdote von SICH zu beginnen, die IHRE HÖRER genau in 0% der Fälle wirklich interessiert (Fälle von höflichem Lächeln und Nicken mit einbegriffen).
Wenn Sie in einem Vertriebsgespräch sind, können Sie wahrscheinlich nicht einfach überraschend aus dem Hinterzimmer in den Meeting-Raum mit den Entscheidungsträgern spazieren, um Aufmerksamkeit zu generieren. Daher dieser weitere Tipp: bringen Sie etwas Haptisches mit, das die Entscheidungsträger anfassen können!
Ein Beispiel: Für Unternehmen aus der Logistik-Branche ist es kein Geheimnis, dass viel Papierkram tatsächlich noch als PAPIERkram abgewickelt wird. Soll heißen: Belege werden nicht selten zwischen den Logistikpartnern munter mit der

Post oder per Fax hin und her verschickt, auf die dann entnervte Buchhalter warten, um diese Zettelwirtschaft nachträglich zu digitalisieren.
Angenommen, Sie bieten als Vertriebler eine Software an, mit der Sie das Accounting, also die Buchhandlung, massiv entlasten können (weil die Zettelwirtschaft durch Ihre Lösung erst gar nicht zustande kommt). Beginnen Sie Ihre Präsentation in diesem Fall doch mit einem gebundenen Berg an Belegen, die bei einem typischen Logistik-Unternehmen pro Monat zusammenkommt. (Seien Sie dabei realistisch, sonst verlieren Sie vom Start weg Vertrauenspunkte). Reichen Sie den großen Stapel herum, damit die Entscheidungsträger wortwörtlich ein Gefühl für die Masse bekommen.
Sie erhalten dadurch zwei Vorteile: Sie erhalten wiederum Kontrolle über die Situation (weil sich die Anwesenden durch die Handreichung mit Ihrer Lösung auseinandersetzen müssen) und Sie erhalten schlagartig Glaubwürdigkeit, denn: Menschen glauben, was sie sehen und nicht was sie hören!
Selbstverständlich ist der Glaube, der mit dem bloßen Sehen (und Fühlen) verbunden ist, ein Irrtum (denn die Person verlässt sich auf anekdotische Beweise), aber so ticken wir Menschen nun einmal. Außerdem sind Sie als ethischer Verkäufer ohnehin nur mit einem Produkt vor Ort, das dem Kunden einen tatsächlichen Mehrwert liefert.
Beschreiben Sie Ihr haptisches Mitbringsel außerdem. Im obigen Beispiel z.B. so: *„Dieser Stapel, der Ihnen gerade schwer in der Hand liegt, wartet alle 30 Tage auf Buchhalter in Logistik-Unternehmen – auch auf Ihre Mitarbeiter im Accounting. Was glauben Sie: Wie lange würden Sie brauchen, um diesen Stapel abzuarbeiten? Und wenn Sie beim Nachdenken sind: Wie viel wirklich wertschöpfende Arbeit könnten Sie als Buchhalter in dieser Zeit stattdessen zu Stande bringen, um Ihrem Unternehmen ein wirklicher Nutzen in der Umsatz-Generierung zu sein?"*
Ein weiteres Mal regen Sie mit Ihren Worten das Kopfkino in den Köpfen Ihrer Hörer an.

Sie versetzen Manager, Einkäufer und Geschäftsführer in diesem Beispiel in die Schuhe eines typischen Accounting-Mitarbeiters. Sie begegnen mit dieser Geschichte aktiv dem Einwand, der ausgesprochen oder unausgesprochen im Raum hängt und heißt: *„Was interessiert mich, was unser Accounting macht? Ich will mehr Umsatz!"*
Weil manche Prozesse, die aus Unternehmen eine effizientere Geldmaschine machen, schwer auf den ersten (oder zweiten) Blick nachzuvollziehen sind, bedienen Sie sich eines haptischen Hilfsmittels und versetzen Ihre Hörer in das Problem, für das dieses Objekt steht. Das Problem des Accounting wird so zum spürbaren - nicht abstrakten - Problem aller verantwortlichen Positionen des Unternehmens!
Am Beginn einer Präsentation wirkt ein Kontrast Wunder für die Aufmerksamkeit Ihres Publikums. Den ersten Teil eines Kontrastes haben Sie schon im dritten Tipp erhalten, nämlich: das haptische, problembeladene Objekt. Praktisch geschrieben: Durch die Reihen Ihrer Hörer geht der Gegenstand umher; nehmen wir an, es handelt sich weiterhin um den dicken Stapel an Papierkram. Das Objekt kommt wieder bei Ihnen an, Sie platzieren es sichtbar in der Mitte des Tisches und verkünden: *„Wie wäre es für Sie, wenn Sie diesen Stapel an aufwendiger, manueller Arbeit mit dem hier ersetzen könnten?"* Sie greifen aus dem Stapel drei dünne Papiere heraus, die automatisiert alle Belege des Unternehmens für einen Monat zusammenfassen. Sie halten die beiden Objekte nebeneinander und zeigen Ihren Hörern einen kraftvollen, und intuitiv verständlichen, Kontrast!
Nochmals betont: Wir Menschen glauben an das, was wir sehen, und nicht an das, was wir hören. Das stärkste gesprochene Wort unterliegt also oft einem eindrucksvollen, sofort verständlichen, Bild. JETZT können Sie außerdem sicher sein, dass Ihnen die Anwesenden wirklich zuhören (sofern Sie Ihre Präsentation in den nächsten Sätzen nicht vermasseln), denn sie sprechen die einzige Sprache, die Ihre

Hörer von Ihnen vernehmen wollen: *„Was können Sie uns anbieten, dass uns direkt oder indirekt mehr Umsatz bringt?"*

Kapitel Zwei: Das Publikum bei Ihnen halten!

Viele Menschen, die beruflich reden, machen einen Fehler. Sie denken sich: *„Wenn ich mir was Tolles für den Anfang überlege, kann ich mich im Anschluss durch meine Präsentation spontan durchhangeln."* Diese Strategie kann klappen! Bei einem Unternehmensberater aus dem Bereich Projektmanagement, für den ich gearbeitet habe, habe ich diese Vorgehensweise in beeindruckender Weise bei einem ganztägigen Workshop beobachtet. Selbst unter der erschwerten Bedingung, dass ihm sehr kritische Ingenieure gegenübersaßen, überzeugte er seine Hörer den ganzen Tag über mit Hilfe seines immensen Erfahrungsschatzes.

In den meisten Fällen klappt ein *„Ich mach's mal frei von der Leber weg!"* allerdings überhaupt nicht. Wir werden in solchen Fällen schnell ausschweifend mit unseren Worten und können uns gar nicht mehr einfangen. Der Grund: Wir haben uns im Vorfeld keine Struktur überlegt und sprechen nun alles aus, was uns halbwegs vernünftig erscheint in dem Moment, in dem wir uns befinden.

Auftauchendes Problem Nr. 2: Wir bemerken unseren Wortschwall ebenso und werden nervös. Anstatt unsere Worte richtig durchzudenken, nehmen wir mentale Abkürzungen und werfen mit allgemeinen Phrasen um uns, wie z.B.: *„Scheuen Sie sich deshalb nicht und seien Sie innovativ!"* Was heißt das überhaupt? *„Digitalisierung ist der Trend unserer Generation!"* Das wissen die meisten von uns bereits. *„Wer aufhört besser zu sein, hört auf gut zu sein!"* Ein ausgelutschter Spruch, nichts weiter! Schlimmer noch wäre ein Zitat von Steve Jobs, ohne das Redner heute nicht auszukommen scheinen.

Kurzum: Ohne Struktur in Ihrer Präsentation verlieren Sie rapide das Vertrauen, dass Sie sich mit einem guten Einstieg aufgebaut haben. Spätestens nach der dritten inhaltslosen Phrase nervt es.

Unterkapitel: Führen heißt: wissen, wo es inhaltlich hingeht

Um das Momentum Ihres guten Einstiegs für den mittleren Teil Ihrer Präsentation mitzunehmen, muss Ihr Publikum wissen, wo es inhaltlich hingeht.

Hofnarren-Tipp

Halten Sie Ihr Publikum sprichwörtlich bei der Hand, wenn Sie durch Ihre Präsentation führen. Das Generieren von Kopfkino funktioniert nur dann, wenn sich Ihr Publikum auf Sie als Steuermann oder -frau verlassen kann. Das bedeutet, wenn sich Ihr Publikum im Stillen denkt: *„Hä?"*, *„Was meint sie damit?"*, *„Was hat der Punkt mit dem Thema zu tun?"* und *„Den Punkt hatten wir schon 3 Mal heute!"* werden Sie Ihre Hörer nie in den entspannten Zustand bringen, in dem es frei ist für Kopfkino!

Zur Erinnerung: Mit Ihrem Einstieg haben Sie das Publikum mit Geschichten und einem eindrücklichen Kontrast heiß darauf gemacht, dass Ihr Produkt Aufmerksamkeit wert ist. Der übergeordnete Inhalt, an dem Ihre Hörer nun interessiert sind, ist einzig und allein: *„Wie funktioniert das Ganze?"* Wenn Sie den Anwesenden diese Frage klar und glaubwürdig beantworten können, sind Sie in der Position ein Angebot machen zu können!

Wichtig: Teilen Sie Ihre Erklärung eindeutig auf und werfen Sie nicht alle Inhalte zusammen! Erzählen Sie also z. B. nicht gleichzeitig davon, dass alle Partner in der Logistik-Kette durch Ihre Lösung auf Grundlage derselben Cloud-Plattform arbeiten, die Software-Implementierung pro Partner 4 Tage dauert, dass die Datenspiegelung direkt in der Zentrale in

Deutschland vorgenommen wird und dass ein neues, weitreichendes Update Ihrer Software im August ausgerollt wird.

Machen Sie stattdessen gleich mit Satz 1 nach Ihrem Kontrast unmissverständlich deutlich, was Ihre Hörer als Nächstes erwartet: *„Meine Damen und Herren, ich möchte Ihnen in den nächsten 20 Minuten, die ich mit Ihnen zusammen hier sein kann, 4 Gründe nennen, weshalb Sie in unsere Software investieren sollten! Diese 4 Punkte sind: … "*

Mit einem Satz geben Sie Ihrem Publikum zu verstehen, worauf es sich einzustellen hat. Sie führen 4 Punkte an, machen einen Abschluss und Sie sind dann fertig! Ein klarer Rahmen mit nur wenigen Worten gezogen: das mögen Hörer!

Gehen Sie einen Schritt weiter und benutzen Sie Fingergesten für jeden Ihrer 4 Punkte; halten Sie also einen Finger ausgestreckt, wenn Sie Punkt 1 ankündigen, 2 Finger für Punkt 2 usw. Mit diesen Gesten bauen Sie auf einfache Weise eine überzeugende Körpersprache in Ihre Präsentation ein, denn Ihr Publikum denkt: *„Der (oder die) da vorne hat sich echt Gedanken über den Inhalt gemacht und steht hinter seinem (ihrem) Inhalt!"*

Wenn Sie wissen, wo es inhaltlich hingeht, vermeiden Sie auch eines: ermüdende - und schnell in Verwirrung führende - Füllwörter und andere Rede-Ungeheuer. Negativ-Beispiele sind: *„Ich möchte gar nicht lange Ihre Zeit in Anspruch nehmen!"* Sie stellen so Ihre Präsentation selbst als Aufdringlichkeit oder unnützes Gefasel dar. *„In meiner bescheidenen Meinung sind dies die 4 Hauptgründe, weshalb Sie zu unserem Produkt greifen sollten!"*

Als **Vertriebler** sind **Sie** der **Experte**; wenn Sie bereits Ihre Expertise untergraben (weil Sie nur *„eine bescheidene Meinung"* haben), warum sollte Ihnen Ihr Publikum zuhören und Sie für kompetent halten? *„Wir haben zwar noch keine tiefe Erfahrung in Ihrer Branche, aber wir denken, dass wir Ihnen doch einen wirklichen Mehrwert mit unserem Produkt liefern können."* Dieses

Beispiel ist ähnlich wie das vorangegangene. Es ist verständlich, dass wir in stressigen Situationen zu solchen unsinnigen Formulierungen greifen, aber trotzdem gilt: Als Person, die präsentiert, sollen Sie nicht denken (Im Sinne von: *„Der Gedanke ist mir gerade gekommen und ich spreche ihn mal aus!"*), sondern Sie sollen Expertenwissen weitergeben. Dieses Wissen ist klar, eindeutig und selbstsicher vorgetragen.
Vergleichen Sie dazu den Einstieg und den Beginn des mittleren Teils Ihrer Präsentation, die wir in Beispielen schon abgehandelt haben: Sie lesen dort klare Aussagen, deutlich formulierte Fragen und im Allgemeinen eine schlanke Wortwahl ohne Füllwörter.

Unterkapitel: Den Stier bei den Hörnern packen

Der Mittelteil Ihrer Präsentation kann enttäuschen, wenn Sie den wichtigsten Teil dieses Buchtitels vergessen: das Kopfkino! Ihr Publikum geht mit einer Erwartungshaltung in Ihre Präsentation, soll heißen: Ihre Hörer haben kritische Fragen zu Ihrem Produkt im Kopf, die Sie beantworten müssen, um die Geldbörse Ihrer Hörer zu öffnen. Die Betonung liegt hier auf dem Wort *„kritisch"*. Ich meine damit Fragen wie: *„Was ist, wenn ich tiefgreifende Modifikationen an den Modulen der Software vornehmen will? Kann ich das überhaupt und wie lange brauche ich dafür?" „Sie haben bisher doch nur Großunternehmen beraten! Warum soll ich Ihnen abnehmen, dass Sie auch mit einem mittelständischen Familienunternehmen zurechtkommen?" „In Russland können wir Kali viel günstiger einkaufen! Warum sollten wir bei Ihnen mehr für ‚dasselbe' ausgeben?"*
Im Endeffekt bedeuten diese Fragen eines: Sie haben Einkäufer, Experten der jeweiligen Abteilung und Geschäftsführer vor sich. Jeder der Teilnehmer hat mentale Bilder von aktuellen Problemen im Unternehmen im Kopf, die Sie in der Präsentation lösen sollen. Diese Personen kommen demnach mit diesen harten Fragen in Bildform auf Sie zu und

erwarten, dass Sie diesen sprichwörtlichen Stier bei seinen Hörnern packen.
Regel für Sie: Gliedern Sie den mittleren Teil Ihrer Präsentation gemäß den härtesten Fragen, die Ihnen zu Ihrer Präsentation einfallen! Versetzen Sie sich in die Lage der Teilnehmenden und fragen Sie sich, welche Fragen für jede Position am dringendsten sind. Einkäufer gehen vornehmlich nach dem Preis, Vertriebsleiter oder andere Abteilungsleiter denken dagegen an Themen wie Implementierung, Handhabung und konkret messbaren Nutzen. Geschäftsführer haben die Strategie des Unternehmens im Sinn und Alleinstellungsmerkmale. Alle möglichen Teilnehmer eint das Interesse: *„Wie können wir einfacher mehr Geld machen?"*
Wenn Sie Inspiration brauchen, führen Sie Rollenspiele mit sich selbst oder im Team durch und gehen Sie so Fall zu Fall spielerisch durch, welches Kopfkino hinter jeder anwesenden Schädelplatte wahrscheinlich vor sich geht.
Ihr größter Fehltritt in dieser Phase Ihrer Präsentation: Sie greifen andere mentale Bilder auf, die Ihre potentiellen Käufer nicht die Bohne interessieren! Ein gern gemachter Fehler an dieser Stelle: Sie reden von Idealfällen, die von Grundlagen ausgehen, die in der Realität kaum vorkommen. In dieser fiktiven Situation schneidet Ihr Produkt zwar sagenhaft ab, aber überzeugen tun Sie mit diesem verqueren Beispiel niemanden.

Kapitel Drei: Storytelling einfach gemacht aus der Sicht eines Schauspielers

Vergessen Sie beim Präsentieren nicht: Sie wissen nie, in welchem geistigen und körperlichen Zustand sich Ihre Hörer befinden. Meine innere Einstellung vor dem Gang auf eine Bühne oder in ein Konferenz-Zimmer ist daher in jedem Fall: *„Erwarte Leute, die bereits eine harte Woche hinter sich haben und nur noch minimal aufnahmefähig sind. Mache es den Leuten also so einfach wie möglich dir zu folgen."*

Mit dieser inneren Haltung wissen Sie bereits: Probieren Sie nicht Ihr Publikum mit purer Rationalität zu überzeugen. Ich denke dabei z.B. an einen Professor, der seine Hörer für 30 Minuten mit Auswertungstabellen *„ausgewählter E-Payment Verfahren"* malträtierte. Wahrscheinlich waren da wichtige Zahlen drauf auf den PowerPoint-Folien, aber in der Form, die er gewählt hat (Tabelle folgte auf Tabelle), liest keiner mit.

Ihre Rettung: Jeder Inhalt, den Sie präsentieren können, beruht auf Erfahrungen in konkreten Situationen. Daher: Übertragen Sie Ihre Zahlen, Daten, Fakten (ZDF) in Geschichten und erzählen Sie diese!

Unterkapitel: Unsere Bilder im Kopf

Wir denken und erinnern uns in Form von mentalen Bildern. Das lässt sich leicht nachweisen: Was denken Sie über die Grünen? Wann hatten Sie Ihren ersten Kuss? Wo waren Sie, als Sie von den Anschlägen des 11. September 2001 gehört haben?

Für jede Frage hatten Sie ein Bild im Kopf und keine Zahl oder ein Wort, das vor Ihrem geistigen Auge aufblitzte. Das liegt daran, dass wir durch und durch visuell geprägte Wesen sind.

Storytelling, also die Kunst des Erzählens von Geschichten, macht sich diese Neigung, die wir besitzen, zu Nutzen. In Geschichten erzählen wir demnach in Form von aufeinander folgenden, mentalen Bildern, die wir in die Köpfe unserer Hörer setzen. Diese Bilder kennen Sie aus der darstellenden Kunst ebenso unter dem Namen „Szenen".

Stellen Sie sich eine Szene wie eine Polaroid-Aufnahme vor und merken Sie sich das eine wesentliche Merkmal, das eine Polaroid-Aufnahme zu ihrer Zeit hatte: Diese Bilder der Sofortbildkameras hielten Situationen fest, die es wert waren festgehalten zu werden. Erinnern Sie sich also an die Zeit zurück, in der Schnappschüsse noch keine inflationäre Massenware auf Smartphones und bei Instagram waren. Die bildhaften Szenen Ihrer Story spielen also stets um Situationen, die wichtig und relevant sind.

Details mit einem Beispiel: Sie präsentieren eine digitale Lösung für den Einzelhandel, mit der direkt vor Ort - auch nach Ladenschluss - beim lokalen Händler eingekauft werden kann. Die Hard- und Software-Lösung funktioniert über ein interaktives Schaufenster und QR-Technologie auf dem Smartphone.

Das Storytelling Beispiel für den mittleren Teil Ihrer Präsentation:

„Und manche von Ihnen mögen denken – und das nicht ganz zu Unrecht: ‚Wir reden hier von Filialen in Seitenstraßen der Frankfurter Innenstadt. Das Licht unserer Schaufenster hilft nach Ladenschluss höchstens Menschen beim Finden Ihrer Autos – nicht bei einer Kaufentscheidung!'

Und deswegen möchte ich Ihnen jetzt zeigen, weshalb unsere kombinierte Hard- und Software-Lösung mehr ist als ein Lichtspender bei Nacht – und zugleich eine Investition in die Zeit ist, an der Sie Ihre Türen geöffnet haben!"

Bis hierhin: Denken Sie daran, dass Ihr Publikum nur an einer Art von Mehrwert interessiert ist: Einkäufer, IT-Leiter, Geschäftsführer möchten mehr Umsatz in kürzerer Zeit, und mit einfacheren Mitteln, erzielen.

Warum dann (in diesem Beispiel) Geld ausgeben für eine Point of Sales (POS)-Lösung, die für die Zeit nach dem Ladenschluss und für eine Filiale an einer abgelegenen Seitenstraße gedacht ist?
Dieses Kopfkino einer stromfressenden Business-Lösung ohne Kundschaft tragen Ihre potentiellen Käufer in Ihrem Köpfen in das Meeting mit Ihnen hinein. Auf diese *„harte Frage"* möchten die Entscheider also eine Antwort von Ihnen haben.
Genau deshalb wähle ich in diesem Beispiel diese Szene als Einstieg für den mittleren Teil der Präsentation. Achten Sie auf die Merkmale der Story / Szene:
Die Polaroid-Aufnahme ist schnell erzählt; fast so schnell wie das Blitzlicht einer tatsächlichen Kamera. Ihre Szene umfasst wenige, dafür klare, Elemente: Seitenstraße einer Innenstadt und dort ist kein Mensch, denn es ist Nacht.
Merken Sie sich deshalb: Ein mentaler Schnappschuss ist schnell erzählt, denn nur dann ist er klar genug, um bei Ihrem Publikum Interesse und somit Aufmerksamkeit auszulösen.
Im Umkehrschluss bedeutet der obige Merksatz: Die Schnappschüsse an Szenen, die Sie in Ihre Präsentationen einbauen, dürfen nicht in langatmige, kunstvolle Erzählungen ausarten! Ansonsten ermüden Sie Ihre Hörer selbst durch eine Story!
Wagen wir kurz diesen Gegentest; so sollten Sie Geschichten NICHT erzählen: *„Es ist dunkel und nur das Rascheln der Blätter im Herbst ist zu hören auf dieser verwaisten Straße. Allerdings: Auf dem Bürgersteig, entgegen der Fahrtrichtung, eilen im nächsten Augenblick Männer-Beine durch die parkenden Wagen auf der Suche nach dem eigenen Gefährt. Das Geräusch der klappernden Sohlen auf Beton pirscht wie ein Eindringling über die mitternächtliche Straße. Könnte die Seitenstraße sprechen, Sie würde sagen: ‚Lass diesen einsamen Ort in Ruhe Schweigen, du bist hier unerwünscht!'"*
Sie sehen hier den Unterschied zwischen klassischem Storytelling und dem Erzählen von Geschichten für Ihre Präsentationen in beruflichen Situationen:

Storytelling für die Kommunikation von Unternehmen ist ein „blitzartiges“ (siehe Erklärung drei Absätze zuvor) Aufhellen von konkreten Situationen, auf denen die Zahlen, Daten und Fakten zu Ihrem Produkt beruhen.
Storytelling für Unternehmen ist dagegen **NICHT** das Verfassen eines ausgedehnten Schwalls an künstlerisch wirkenden Worten, die Sie in Romanen oder Regieanweisungen finden. Vermeiden Sie diesen Drang, Ihrer künstlerischen Ader nachzugeben, um den Hauptvorwurf gegen Storytelling im Kontext von Unternehmenskommunikation zu vermeiden: *„Geschichten soll ich für meine Präsentation verwenden? Bin ich denn etwa Märchenerzähler??“*
Ein zweites Merkmal von Storytelling in Präsentationen ist: Die Methode ist interaktiv! Sie setzen sich also mit Ihrem Publikum auseinander, während Sie erzählen! Beachten Sie meine Formulierungen *„Manche von Ihnen mögen denken… Recht haben Sie!....“*
Storytelling holt Ihre Hörer auf diese Weise wirklich inhaltlich ab; eine Forderung, die Sie in jedem Rhetorik-Seminar hören. Nutzen Sie Storytelling, um beim Präsentieren wirklich ernst zu nehmen, dass Ihr Publikum sich in das Meeting einbringen will (anstelle Ihnen für eine gefühlte Ewigkeit schweigend zuhören zu müssen). Auch wenn es etlichen Vertrieblern so vorkommen mag, so liegen diese doch falsch, wenn sie denken: *„Als Experte bin ich für die Entscheider wie ein Lehrer, der dauerbeschallenden Frontalunterricht mit seinen ‚Schülern‘ veranstalten kann!“*
Weitere Möglichkeiten der Interaktion beziehen sich stets auf Fragen, die Sie an Ihr Publikum richten:
„Per Handzeichen bitte: Wem kommt diese Situation aus seinem Berufsalltag bekannt vor?“
„Und bei dieser Situation bleibend: Was passiert dann? Wie reagiert der Abteilungsleiter / die Qualitätsmanagerin / das externe Audit-Team?“
„Hand aufs Herz: Wie fühlen ***Sie*** *sich in Situationen wie diesen?“*

„Die unbequeme Wahrheit ist: Sie wissen, wozu dieser fehlgeleitete Prozess Ihr Unternehmen führen wird! Beschreiben Sie dies mal bitte in einer kurzen Situation!"
„Warum macht die Reaktion unserer Hauptperson hier (k)einen Sinn? Sprechen Sie es kurz aus!"
Bei den Fragen stoßen wir auf weitere Inhalte, die eine gute Story ausmachen. Schauen wir uns diese Elemente in einem neuen Unterkapitel an:

Unterkapitel: Zutaten für eine gute Story

Keine Angst, Sie lesen hier **NICHT** von Joseph Campbell und seiner Heldenreise! Dieses sprichwörtliche Pferd wurde von Geschichtenerzählern schon vor langer Zeit totgetreten.
Machen wir die Elemente einer Story, abseits von Campbell, an einem weiteren Beispiel für die Mitte Ihrer Präsentation fest:
„Der zweite Punkt, der Sie von unserem Produkt überzeugen soll: Unsere digitale Lösung macht den Arbeitsplatz Ihres Verkaufspersonals sicherer! Klingt unglaubwürdig? Ich verstehe Sie! Stellen Sie sich daher bitte den Kunden vor, der mit dem Vorteil eines Smartphones in Ihr Geschäft tritt. Handy auf ein Produkt gerichtet, mit dem Finger auf eine Vergleichs-App getippt und aus dem World Wide Web sprudeln der beste Preis und alle Produktinfos auf das Gerät des Kunden.
Im Hintergrund dieses Bildes einer Ihrer VerkäuferInnen – ohne Plan, welche Informationen gerade die Verkaufsentscheidung des Kunden beeinflussen und ohne digitales Gegengewicht zum Smartphone Ihres potentiellen Käufers. Ein unfairer Kampf um die Gunst des Portemonnaies!
Haben Sie dieses Bild mental vor sich? Gut, dann möchte ich Ihnen den Kontrast vor Augen führen! Stellen Sie sich nun vor, Ihr Verkaufsangestellter wäre ebenso digital unterwegs – mit unserer Software, die auf Tablets in Ihren Ladengeschäften zur Verfügung steht.

Einer Preisvergleich-App auf dem Smartphone antwortet Ihr Verkäufer mit einer visualisierten Darstellung Ihrer Rabatt-Angebote. Einen Kunden verliert er nicht länger auf dem Weg quer durch den Laden zu einem veralteten Info-Terminal. Stattdessen nimmt er Lieferungen gleich an dem Ort auf, an dem er mit seinem Kunden steht. Und möchte Ihr Kunde Kleidung miteinander kombinieren? Kein Problem, reichen Sie ihm das Tablet und er kann jedes Teil aus Ihrem Sortiment digital an einem Mannequin „anziehen".
Unsere Soft- und Hardware-Lösung ist dafür da, damit der Umsatz vor Ort auch im digitalen Zeitalter sichergestellt ist!"

Unterkapitel: Die Zutaten im Einzelnen

Das auffallendste Element dieser Story ist ihr Kontrast, wie Sie ihn bereits vom Einstieg Ihrer Präsentation her kennen (Stichwort: Papierstapel). Arbeiten Sie auch an dieser Stelle mit dieser Art von Geschichten, um Ihr Publikum „abzuholen". Beginnen Sie mit dem Status Quo, also dem Blitzlicht-Bild, das die aktuelle Situation im Business Ihrer potentiellen Kunden beschreibt. In diesen Prozessen, die der aktuellen Situation zugrunde legen, befindet sich ein Fehler eingeschlossen. Logisch, denn wäre dem nicht so, besäße ihre Lösung keine Existenzberechtigung. Wo kein Problem, da kein Bedarf an einer Lösung!
Fragen Sie sich: Wenn ich mit einer tatsächlichen Kamera durch ein Unternehmen gehen würde: Wo müsste ich ein Polaroid-Foto machen, um das Problem des Kunden visuell festzuhalten? Dieser Ort, den Sie dann gefunden haben, ist die erste Szene Ihrer Story in Ihrer Präsentation.
Schaffen Sie im Anschluss den Kontrast, wenn Sie annehmen: Was wäre, wenn unser Produkt bereits im Kundenunternehmen implementiert wäre und das Problem aus Szene 1 demnach eliminiert hätte? Gehen Sie mit Ihrer mentalen Kamera erneut im Geiste an den Ort, den Sie zuvor besucht haben, und machen Sie erneut eine Aufnahme von der „neuen Welt", die Sie antreffen.

Der Effekt: Die Anwesenden in Ihrer Präsentation bekommen mehrere gute Gefühle, während sie Ihnen zuhören. Sie denken sich einerseits, dass Sie wissen, worüber Sie da vorne erzählen. Darüber hinaus entsteht der Eindruck, dass Sie nicht nur die Branche der Kunden kennen, sondern auch deren konkrete, aktuelle Probleme. Drittens besitzen Ihre Hörer über die mentalen Bilder nun 2 feste visuelle Erinnerungen an Ihre Präsentation. Während andere Vertriebler Unternehmen mit Tabellen, einer Lawine an Fakten und anderen ermüdenden Informationen begraben, setzen Sie Kopfkino in die Gehirne Ihrer Kunden, das dort haften bleibt - auch lange nach der eigentlichen Präsentation.

Beginnen Sie jedes Bild oder jeden Kontrast mit einem Leitsatz. Oben im Beispiel war dies die Aussage, dass die digitale Lösung den Arbeitsplatz der Laden-Angestellten sichert.

Der Grund für einen Leitsatz ist simpel: Sie erzählen den Anwesenden vom Start weg, weshalb Sie dieser Szene überhaupt lauschen sollten. Im Schauspiel nennen wir dieses Element einer Story: *„Why Should We Care?"* Fragen also auch Sie sich beim Erzählen über Ihre gefundenen Bilder: *„Why Should They Care?"* und voilà: Sie haben den Leitsatz für Ihre Szene.

Haben Sie Ihre Szene gemäß des Leitsatzes zu Ende erzählt, haben Sie nicht nur Klarheit geschaffen, sondern auch Vertrauen unter den Anwesenden gewonnen. Sie haben sich als RednerIn positioniert, der oder die einhält, was sie inhaltlich verspricht. Vergleichen Sie dieses Gefühl mit dem Eindruck vieler Präsentationen, die zwar verheißungsvoll beginnen, schon nach wenigen Minuten aber im sprachlichen Chaos versinken und im undurchdringbaren Wortsalat enden. Die Folge: Der Redner oder die Rednerin hat ihre versprochene Antwort auf die dringenden Fragen des Publikums auf dem Weg zur Erklärung hoffnungslos verloren!

Stories umfassen nicht nur einen Ort, sondern dieser Ort ist zugleich von Personen bevölkert. Eine handliche Gleichung für eine Geschichte lautet also: **Eine Szene ist gleich: Personen an einem Ort und bei einer konkreten Tätigkeit.**
Die Definition einer Szene ist bewusst einfach gehalten, damit Sie sich auch während einer nervenaufreibenden Präsentation an diese einfache Formel erinnern können.
Versuchen Sie an dieser Stelle nicht „clever" zu sein, was viele angehende Storyteller aber sein mochten. Viele unerfahrene Geschichtenerzähler machen fälschlicherweise zweierlei: a) Sie glauben, eine Geschichte an sich ist unpassend für diesen wichtigen Anlass und stopfen die Szene bis zur Unkenntlichkeit mit „ZDF" voll. Der Effekt einer Story verpufft dann ergebnislos und Langeweile macht sich unter den Hörern breit. Die Anwesenden hören dann dieselbe intellektualisierte Leier wie bei jeder anderen Präsentation auch.
Im Fall b) glauben die Vortragenden, dass ihre Geschichte langweilig ist und massiv mehr an „Pepp" braucht. Deshalb werden Szenen bis ins Absurde gesteigert und Charaktere sind nicht einfach Kunde und Käufer, sondern stereotypenhafte Clowns. Verstehen Sie mich bitte richtig: Humor ist eine feine Zutat in Geschichten (und in einem weiteren eBook gehen wir der Frage nach, wie Sie Humor in Stories gekonnt einbauen können), allerdings ist es nicht witzig, wenn Sie über Sicherheits-Software im E-Commerce reden und dabei Katzenvideos auf die Projekt-Leinwand werfen. Sicher, für den spontanen Schmunzler ist das Video gut, aber die Wirkung des Videos trägt nicht zum Verkauf bei und seriös wirken Sie dabei auch nicht.
Deshalb: Widerstehen Sie dem Drang „clever" bei Ihren Geschichten sein zu wollen und bleiben Sie bei den Basics einer Szene: Menschen an einem Ort bei einer bestimmten Tätigkeit. Die „langweilige" Realität eines Business-Prozesses ist spannend genug und schafft bei Ihren Hörern das notwendige Vertrauen zum Kauf.

Bewegung schafft Aufmerksamkeit! Denken Sie mal an ein Theaterstück, in dem Charaktere schlicht rumstehen oder -sitzen und miteinander reden. Als Schauspieler verurteilen wir solche Szenen als *„Talking Head“*-Szenen! Die Szenen sind langweilig, denn ohne Bewegung erscheint die Handlung unwichtig.

Erinnern Sie sich an die Definition einer Szene, die auch den Begriff *„Tätigkeit“* umfasst. Wenn in einer Szene nur geredet wird, bewegen sich zwar Münder, aber dieses Auf und Ab von Gesichtsmuskeln macht noch keine Tätigkeit aus!

Für Ihre erzählten Geschichten heißt das: Bringen Sie Bewegung rein in Ihre Szenen! Einmal dadurch, dass die Charaktere in Ihren mentalen Bildern auch tatsächlich in eine Beschäftigung vertieft sind: Kunden stehen in einem Laden nicht nur anteilslos herum, Ingenieure starren nicht nur abwesend auf ihre Rechner und Marketing-Experten müssen ebenso Hand anlegen, um Kreatives zu schaffen. Beschreiben Sie diese Tätigkeit!

Zweitens: Generieren Sie das Gefühl von Bewegung und Aktivität durch Ihre Wortwahl! Am einfachsten schaffen Sie diese Wahrnehmung natürlich über das Beschreiben von Bewegung, also z.B.: *„Der Inside-Sales Mitarbeiter greift zögernd zu seinem Headset.“ „Geschmeidig begibt sich die Yoga-Lehrerin auf den Boden, um ihre Beine in Position zu bringen.“ „Die schallenden Schritte, die die Leiterin Lager-Logistik auf dem Boden auslöst, machen ihr schlagartig bewusst: ihre Lademittel sind erneut nicht rechtzeitig zurück transportiert worden.“*

Ein weiteres Mittel, um Bewegung auszulösen, ist: Nutzen Sie die 5 Sinne, die uns Menschen zur Wahrnehmung unserer Umwelt zur Verfügung stehen! *„Und pünktlich, wie jeden Tag, klingelt es auch an diesem Montag an der Tür zum Büro des Accounting.“ „Der Geschäftsführer sieht in seinem Vorzimmer das Grauen in Person – seine interne Audit-Leiterin.“ „Mit Mundwinkeln, die bis zu seinem Kinn herunterhängen, gleitet der Einkäufer mit seiner Hand über die gefräste Oberfläche des Produktes.“*

Ein finales Element von Geschichten an dieser Stelle: Die Anwesenden einer Präsentation können den Fortlauf der Bilder mitbestimmen! Sie sehen dieses interaktive Element im obigen Beispiel des Kunden und Verkäufers. Das Ausgangsbild - also der mentale Schnappschuss beim Status Quo - umfasst den Kunden, bewaffnet mit Smartphone, gegen den *„waffenlosen"* Verkäufer. Von diesem ersten Bild ausgehend, bestehen mehrere Möglichkeiten der Entwicklung der Geschichte. Im obigen Beispiel gehe ich rapide eine kurze Liste der Handlungen durch, die der Kunde mit seinem digitalen Vorteil in der Hand durchgehen kann.

Sie können für Ihre Story an dieser Stelle die Liste durch geschickte Fragen ersetzen und den Verlauf der Story somit interaktiv gestalten: *„Und was glauben Sie, was in dieser Situation am wahrscheinlichsten passiert?" „Sie wissen, dass Kunden diesen Vorteil, den sie durch ein Smartphone erhalten, tagtäglich zu Ihrem Vorteil nutzen - auch in diesem Moment, in dem wir hier miteinander zusammen sind... Ich sehe nickende Gesichter; welche Lösung haben Sie bisher für diese Hürde in Ihrem tagtäglichen Business?"*

Wenn Sie eine Antwort haben, bauen Sie diese in Ihr nächstes Bild des Status Quo ein und zeigen Sie, welche konkrete Konsequenz die Antwort mit sich bringt.

Auf diese Weise sind Sie nicht nur interaktiv mit Ihrem Publikum, Sie extrahieren aus den Anwesenden auch wichtige Informationen zu deren Unternehmen. Haben Sie sich vielleicht im Schnappschuss geirrt und das Problem ist gar nicht relevant für die Anwesenden? Entstehen in den Köpfen Ihrer Hörer Antworten, die Sie nicht erwartet haben? Möchten die Entscheidungsträger zu einem Ihrer Features mehr wissen, als Sie eingeplant haben?

In jedem dieser Fälle können Sie korrigieren reagieren, denn Storytelling verschafft Ihnen eine Flexibilität in der Präsentation Ihrer Inhalte.

Anstatt einer festen Ordnung an Content zu folgen, die keinen Notfall-Plan für den Fall besitzt, wenn Sie irgendwo im Verlauf Ihrer Präsentation Ihr Publikum verlieren, können Sie Ihren Inhalt unmittelbar an die Bedürfnisse Ihrer Hörer anpassen, sobald Ihnen die Aufmerksamkeit abhanden kommt.

Diese Flexibilität ist zugleich verführerisch und angsteinflößend, denn um spontan auf neue Bedürfnisse im Publikum zu reagieren, müssen Sie inhaltlich tief in Ihrer Materie verankert sein. Ein oberflächliches Wissen zu Ihrem Produkt langt bei Storytelling nicht, denn wenn Sie einen neuen mentalen Schnappschuss brauchen, müssen Sie genug Expertenwissen besitzen, um einen weiteren Teil Ihrer Story authentisch erzählen zu können.

Sie sehen: **Geschichten** in Präsentationen zu erzählen, ist niemals eine inhaltliche Abkürzung, sondern eher das Gegenteil: **die Spielwiese der wahren Experten**!

Kapitel Vier: von Herzschlägen und Aufregern

Eine Frage, die uns stets von Kunden gestellt wird: *„Wie erzähle ich Geschichten, die es ungemütlich werden lassen für meine Hörer?"*

Hofnarren-Tipp

Es Kunden *„ungemütlich machen"* mit Ihren Aussagen zum Business der Hörer spart Ihnen viel Zeit beim Verhandeln über Preise und Konditionen. Je dringender Sie Ihre Stories für das Publikum machen können, desto weniger hören Sie im Anschluss ausweichende Aussagen wie: *„Ja, wir melden uns dann in 3 oder 4 Wochen bei Ihnen!" „Wir lassen uns Ihr Angebot nochmal durch den Kopf gehen!"* oder *„Danke für Ihren Beitrag, den wir in unsere Entscheidung einfließen lassen werden!"* Wenn Sie genug Unbehagen ausgelöst haben (der natürlich realistisch ist) gibt es nur eine *„korrekte"* Antwort: *„Wann können Sie liefern?"*

Die Absicht hinter dieser Frage (über dem. *„Hofnarren-Tipp"*) ist lobenswert, denn der Herzschlag einer jeden Geschichte ist die Spannung. Im Duden können Sie nachlesen, dass *„Spannung"* eine erregte Erwartung auf etwas Zukünftiges bedeutet. In der gesprochenen Geschichte bedeutet dies, dass Sie eine Situation mit Ihren Worten schaffen, die Ihre Hörer emotional derart aufwühlt, dass sie der Auflösung dieser Szene entgegen streben. Aristoteles, der sich in der Antike Gedanken zur Wirkungsweise von Geschichten gemacht hat, beschreibt diesen eben dargestellten Effekt als „Katharsis". Damit meint er: Wir sollen durch Geschichten unsere inneren Konflikte durchleben und am Ende an der befreienden Auflösung der Widerkräfte angelangen. An diesem befriedigenden Ende unserer emotionalen Achterbahnfahrt erreichen wir die genannte *„Katharsis"*.

Die Idee klingt in der Theorie gut - davon sind auch die meisten unserer Kunden überzeugt - aber die Umsetzung dieses Gedankens macht vielen von ihnen Angst. Der Grund hierfür ist einfach, denn Spannung auszulösen bedeutet im Endeffekt: Ihre Geschichte muss irgendwo bei bestimmten Leuten in Ihrem Publikum anecken! Und an dieser Stelle wird es unnötig kompliziert!

„Kann ich meinem Chef wirklich über die aktuellen Konflikte im neuen Team nach dem Zusammenschluss mit Firma X erzählen? Der flippt doch aus, wenn er diese Story hört!" denkt sich die besorgte Personal-Chefin. *„Ich weiß, welche Probleme dieser Laden hat. Der macht es nicht mehr lange auf dem Markt, wenn keiner zackig das Ruder rumreißt! Wenn ich das der Leitung aber in einer ehrlichen Story erzähle, brauche ich morgen nicht wiederzukommen."* mutmaßt ein externer Berater.

Und selbstredend plädiere ich nicht für die totale, und in jedem Fall umzusetzende, Wahrheit und nichts als die Wahrheit. Sie können als Angestellter z.B. nicht zu Ihrem Vorgesetzten sagen, er sei ein *„Arschloch"*, auch wenn das die Wahrheit wäre. Irgendwie müssen Sie ja Essen auf den Tisch bekommen Monat für Monat und ohne Job ist das schwer.

Und Sie finden problemlos weitere Beispiele, in denen zu viel Ehrlichkeit zu viel des Guten bedeutet. Trotzdem: Wenn wir ehrlich mit uns sind, schieben wir in mindestens genauso vielen Fällen Ausreden vor, um ja nicht anzuecken. Die Konsequenzen unserer Ehrlichkeit wären überschaubar, aber unser Seelenfrieden ist uns wichtiger!

Nehmen wir das obige Beispiel des externen Beraters: Wenn die Situation des Unternehmens tatsächlich derart bedrohlich für dessen Existenz ist, bleibt dem Berater nichts anderes übrig, als die fehlerhaften Prozesse klar auf den Punkt zu bringen. Sein Standing als freischaffender Unternehmer steht auf dem Spiel. Darüber hinaus: Was wäre die Alternative? Däumchen drehend herumstehen, Honorar kassieren und währenddessen zu allem *„Ja"* sagen, was an fehlkalkulierten

Anweisungen aus der Chefetage herauskommt bis der Laden endgültig seine Tore schließen muss? Selbstverständlich nicht! Sie sehen also, dass aufrüttelnde Ehrlichkeit beizeiten notwendig ist in Organisationen. Viel zu häufig helfen nur Geschichten, die uns selbst (denken Sie an die Motivation für den eigenen Organisationswandel) und unserer Umwelt (hier wieder: Ihre Kunden) einen emotionalen Stromschlag versetzen. Gerade in Gruppen wie Unternehmen spielen Egos, Statuskämpfe und Machtblöcke eine derart große Rolle, dass oft über die Realität im Unternehmen und die drohenden Konsequenzen hieraus nicht mehr wirklich nachgedacht wird. Was interessieren Power Player gute Unternehmensentscheidungen, wenn dadurch der eigene Platz in der Hierarchie gefährdet ist? In den meisten Fällen gibt es dann nur durch einen Story-Schock Bewegung, der brutal ehrlich aufzeigt, wie weit der tödliche Virus schon im Organisationskörper vorangeschritten ist.

Unterkapitel: Bild für Bild schocken

Der ganze bisherige Text ist voll von der direkten oder indirekten Aussage: *„Seien Sie ehrlich mit Ihren Geschichten!"* Denn ein ehrliches Wort schmerzt am meisten. Ihre Präsentation mit ehrlichen Aussagen zu füttern, ist sogar sehr einfach. Nehmen wir an, Sie lesen dieses Buch im gesamten Team, um eine Präsentation vor einem neuen Kunden vorzubereiten. Intern, in einem geschlossenen Büro, werfen Sie sich gegenseitig Ideen zu, wie die Schnappschüsse Ihrer Story aussehen können. Da Sie zusammen ein lockeres, unverkrampftes, Team sind, kommen Ihnen schnell verrückte Ideen. Vielleicht spinnen Sie auch nach Feierabend in einer Bar weiter gemeinsam an Story-Stückchen. Auch hier, in entspannter Atmosphäre, kommen Ihnen gute Ideen.
Eigentlich simpel, nicht wahr? Aber allzu häufig sterben gute Ideen beim Verlassen der Büroräume oder sie werden als Waise in der Bar zurückgelassen. Eben aus der Angst heraus,

von der weiter oben die Rede ist.
Trauen Sie sich bei diesem Mal bewusst das Gegenteil und bleiben Sie bei Ihren *„unverschämt"* ehrlichen Ideen. Hat sich Ihre Forschungs- und Entwicklungsabteilung eine komfortable Nische im Unternehmen aufgebaut und arbeitet sie aus dieser heraus quasi autonom - zum Schaden anderer Abteilungen? Erwähnen Sie diesen Punkt durch einen passenden Schnappschuss, der eine Situation zeigt, in der das eigenmächtige Handeln zu einem Problem wird! Stellen Sie niemanden an den Pranger, seien Sie aber nicht so WischiWaschi, dass Sie im Endeffekt nicht wirklich mehr was aussagen.
Verfahren Sie so bei jeder anderen kreativen Idee, die Ihnen als Team (oder allein) in den Sinn kommt. Wenn Sie Ihr Bild gefunden haben, und dabei sind dieses für Ihr Publikum in Worte zu fassen, denken Sie auch an diesem Aspekt: Verfassen Sie Ihre Story im Präsens! Eine Handlung, die gerade stattfindet, erzeugt mehr Spannung, als eine Situation die sprachlich von ihrer Zeitform her bereits abgeschlossen ist. Seien Sie abschließend brutal ehrlich mit sich, Ihren Ideen oder den kreativen Vorschlägen aus Ihrem Team: Erzeugt ein mentaler Schnappschuss oder ein beschreibender Satz zu diesem keine emotionale Regung, werfen Sie das Bild oder den Satz aus Ihrem Konzept! Wenn Sie die mentale Visualisierung oder die Formulierung in Ihrem Konzept behalten, droht Ihnen die Nulllinie auf dem EKG. Ihre Spannung ist dann tot. Behalten Sie sich diese Richtlinie im Hinterkopf: Wenn Sie bereits in der Vorbereitungsphase von einer Idee nicht überzeugt sind, wird es Ihr Publikum auch nicht sein. Vertrauen Sie mir!

Unterkapitel: Kreativ sein, wenn nichts geht!

Anton Tschechow ist einer der bekanntesten russischen Schriftsteller des 19. Jahrhunderts. Eines Abends fragte ihn ein Bekannter: *„Anton, wie findest du eigentlich die Bilder für deine Szenen?"*

Tschechow nahm einen Aschenbecher, stellte ihn vor sich hin und verkündete: *„Das ist mein nächstes Gedankenbild. Morgen werde ich eine Geschichte schreiben, die ‚Der Aschenbecher' heißt!"*
Diese Anekdote aus dem Leben Tschechows soll eines verdeutlichen: Vertrauen Sie Ihrem Instinkt! Kreativität stirbt durch nichts schneller als durch Selbstzweifel. Der Satz liest sich wie ein kitschiges Zitat für ein Motivations-Meme, aus meiner Praxis als Schauspieler weiß ich allerdings, dass die Aussage wahr ist. Im Improvisationstheater funktionieren Szenen nur, wenn die Ideen, die spontan auf der Bühne entstehen, voll ernstgenommen und weiter ausgespielt werden. Zweifel und Zögern führen unweigerlich zu uninspirierten Szenen, gelangweiltem Publikum und v.a. zu einem: frustrierten Künstlern! Dasselbe ist für Sie und Ihre Präsentationen wahr: Wenn Sie jede halbwegs gute Idee aus Selbstzweifel sofort verwerfen, haben Sie spätestens nach 30 Minuten Vorbereitung sprichwörtlich *„keinen Bock mehr"* auf das Einbinden von emotional anregenden Geschichten in Ihren Präsentationen.
Wenn Ihnen trotz bester Absichten nichts Kreatives einfällt, probieren Sie diese Methode aus dem Improvisationstheater: Assoziieren Sie frei!
Zu einem Kunden aus der Logistik fällt mir spontan das folgende ein: freundlich, obsessiv, gute Ideen, Marketing-Flyer schon mehr als einmal anderswo gesehen, blind für die Konkurrenz, lebt für den Job, trägt wahrscheinlich auch Unterwäsche mit dem Unternehmens-Logo.
Die Liste ist eine frei assoziierte, und v.a. unzensierte, Sammlung von Ideen, die mir spontan zu einem Geschäftsführer und seinem Produkt eingefallen ist. Wenn Sie frei assoziieren, kommen Sie in einen Schreibfluss und behalten Sie Ihren Stift auf dem Papier - bzw. Ihre Finger auf dem Touchscreen! Schreiben Sie irgendwas, auch wenn Sie schreiben: *„Verdammt, mit fällt nichts ein, mir fällt so gar nichts ein!"*

Das Ziel der Übung ist, Ihren inneren Zensur auszuschalten und frei den Gedanken ungehindert Lauf zu lassen, die eine Situation ehrlich beschreiben.
Dieselbe Übung können Sie auch im Team ausprobieren. Sitzen, oder stehen Sie, in einem Kreis. Eine Person beginnt mit dem ersten Wort, die Person daneben spricht das erste Wort aus, das sie mit dem ersten Begriff assoziiert. Person Nr. 3 wiederum assoziiert auf den Begriff von Person Nr. 2 usw. Kommen Sie auch hier in einen Flow und unterbrechen Sie diesen Rhythmus nicht! Sagen Sie etwas wie *„Blank!"*, wenn Sie keine Assoziation zu einer Person, einem Unternehmen oder einem Produkt haben. Die nächste Person im Kreis - oder einer der dann folgenden - wird schon eine spontane, zündende Idee haben.
Ein finaler Tipp zum Finden von kreativen Bildern für Ihre Story: Arbeiten Sie mit Metaphern! Beispiele: *„Der Krawall zwischen der Marketing-Abteilung und dem Vertrieb ist doch wie…" „Der Starrsinn der Geschäftsführerin erinnert mich an…" „Selbst …* (Person, Beruf, Tier) *wäre nicht so blind für Gefahr wie unser IT-Chef!"*
Metaphern lassen uns um die Ecke denken und Parallelen ziehen, die zwar passen, auf die wir mit einer anderen Vorgehensweise aber nicht kommen würden. Vielleicht finden Sie eine Metapher aus dem Tierreich, die wie angegossen auf eine vermurkste Situation passt (die Sie mit Ihrem Produkt beheben können). Beginnen Sie Ihren Mittelteil mit dieser ungewohnten Metapher, um Aufmerksamkeit zu erregen! Stellen Sie aber sicher, dass Sie zackig zur Realität im Unternehmen kommen, damit Ihr Publikum nicht den Faden und sein Interesse an Ihnen verliert.

Unterkapitel: Kopfkino nur mit Worten?

Viele Kunden von uns sagen: *„Und was ist mit PowerPoint? Wie erzählen wir - mit Programmen wie diesen – Geschichten wirklich visuell?"*

Die Frage ist berechtigt und gut! Die kurze Antwort lautet: *„Wenn Sie die Möglichkeit haben mit visuellen Elementen wie tatsächlichen Bildern, Illustrationen bzw. Situationen dargestellt in Videos zu arbeiten, TUN SIE ES!"*

Die längere Antwort: Storytelling in Bild, Illustration und Video funktioniert genauso, wie ich Ihnen die Methode für den verbalen Einsatz vorgestellt habe. Achten Sie beim Verwenden dieser Mittel auf die folgenden Dinge:

Setzen Sie Visualisierungen sparsam ein. Beim verbalen Storytelling habe ich es bereits erwähnt: Die mentalen Bilder sind schnell begreifbar (*„Schnappschüsse"* eben) und sie dienen außerdem als Vorlage für Zahlen, Daten und Fakten, damit diese nachfolgenden, rationalen Argumente überhaupt erst einen Sinn bekommen.

Lassen Sie also nicht eine Fülle von mehreren Dutzend Illustrationen erstellen und klicken Sie bei der Präsentation wie wild geworden durch Ihre Bilderreihe. Sie schaffen so einen *„Information Overload"*. Keines der Bilder wird bei den Anwesenden länger in Erinnerung hervorstechen und innerhalb des Publikums wird sich Ablehnung gegenüber Ihrem *„Foto-Album"* breit machen.

Geben Sie Ihren visuellen Hilfsmitteln Raum zu wirken. Wenn Sie an den Punkt kommen zu sagen: *„Stellen Sie sich die folgende Situation vor!"* klicken Sie den Presenter, um Ihr Bild auf die Leinwand zu holen und seien Sie ... still! Auch in diesem Fall binden Sie Ihr Publikum interaktiv in Ihren Vortrag ein; die Anwesenden nehmen die dargestellte Story in Stille für sich auf und wenn Sie nach einem kurzen Moment zu Ihrem Bild sprechen, genießen Ihre Hörer das Gefühl eben genau diese Gedanken selbst gefunden zu haben.

Stehen Sie zu Ihren Ideen! Jedes Mal, wenn ich eine unserer Ideen in visualisierter Form (wir benutzen ebenfalls Illustrationen, etc. für unsere Vorträge) vorstelle, habe auch ich ein ungutes Gefühl im Magen.

Zu Recht, denn in jedem Publikum gibt es Menschen, die Ihre Story blöd, kindisch bzw. unpassend im Humor finden, oder Leute, die einfach raushängen lassen wollen, dass sie *„etwas Besseres"* sind als Sie. In manchen Fällen haben diese Menschen Recht und in den seltensten Fällen meinen es diese Leute böse mit Ihnen. Egal was zutrifft: Entschuldigen Sie sich nicht für Ihre kreative Story, verteidigen Sie sie nicht mit Argumenten und geben Sie dem Störenfried keinen großen Raum in Ihrer Präsentation. Es geht um Sie und Ihre Vorstellung - und Ihre kreative Entscheidung haben Sie so getroffen, wie Sie sie getroffen haben. Punkt.
Ein eleganter Weg zurück zu Ihrer Story ist: *„Ich sage aufrichtig ‚Danke' an Sie, weil wir ehrliche Meinungen am liebsten hören. Ich bin gerne bereit nach der Präsentation kurz mit Ihnen weiter darüber zu sprechen. Lassen Sie uns jetzt schauen, was ich noch für Sie vorbereitet habe!"*
Sagen Sie diese Worte selbstsicher und ohne eingeschnappt zu wirken. Sie wirken dadurch professionell und bei Ihrem Gesprächspartner kommt durch ihre Antwort wahrscheinlich die Botschaft an, dass er oder sie über die Stränge geschlagen hat. Nicht selten ist eine scharfe Kritik an Ihrem Inhalt - hier: an Ihrer Story - nichts weiter als ein Test, um Ihr Wissen oder Ihre Professionalität zu testen. Nehmen Sie diese Herausforderung gekonnt an!
Ein weiterer Tipp zu III. im Hinblick auf Ihr Auftreten und wie Sie Nervosität beim Präsentieren von visuellen Stories abbauen können: Auf der Theaterbühne pflege ich den Grundsatz gleich vorm Start weg mein Publikum direkt anzuschauen. Ich setze so den *„Tonfall"* für mein selbstsicheres Auftreten, das ich für die ganze Zeit meiner Show aufrecht erhalte.
Suchen Sie nach Ihren Verbündeten im Publikum, wenn Sie Ihren Blick direkt auf die Anwesenden richten. Wer nickt zustimmend, wer lächelt, wer zeigt Ihnen eine offene Körpersprache?

Fokussieren Sie Ihre Aufmerksamkeit auf diese Menschen, nicht auf die neutral oder abweisend vor Ihnen sitzenden Personen. Wenn Sie Unterstützer in den Mittelpunkt stellen, werden sich Leute aus dem übrigen Lager an diese Supporter anhängen - das ist simples menschliches Verhalten!
Für die übrigen Menschen, die sich schlichtweg nicht überzeugen lassen wollen (auch nicht durch den sozialen Druck der übrigen Anwesenden) gilt: Das ist der Preis für das Anecken durch Storytelling! Sie haben einen Grund zur Freude, denn diese Menschen beweisen Ihnen, dass Sie kein sprichwörtliches Fähnchen im Wind sind, an dem jeder Gefallen finden kann.
Um den Gedankenfaden von eben erneut aufzugreifen: Gehen Sie einen Schritt auf diese offenen Hörer im Publikum zu und fragen Sie: *„Was gefällt Ihnen an diesem Bild?" „Sie wirken konzentriert nachdenkend. Würden Sie diesem Bild ein Element hinzufügen? Wenn ja: welches?" „Was geht Ihnen durch den Kopf beim Betrachten des Bildes?" „Ich erinnere mich, dass wir schon im Vorgespräch zu diesem Thema ein Wort gewechselt haben. Mögen Sie hier Ihre Meinung wiederholen, die Sie mir gegenüber geäußert haben?"*
Überwinden Sie mit diesen direkten Fragen Ihre Nervosität und hören Sie dabei auf Ihre Impulse, die Sie aus Ihrem Publikum wahrnehmen. Jeder Mensch hat Eindrücke von anderen Menschen - wie diese gelaunt sind, etc. - viele Leute folgen diesen Impulsen aber nicht. Tun Sie das Gegenteil und greifen Sie diese Reaktionen der Anwesenden auf Ihre visuellen Darstellungen auf. Ihre Story ist dann KEINE nette Requisite, die eigentlich nicht notwendig ist, sondern sie wird im interaktiven Austausch mit Ihren Hörern zur zentralen Kernaussage Ihrer Präsentation.
Ein Tipp für Ihren Übergang von Illustrationen zu Zahlen, Daten, Fakten. Füllen Sie die Räume zwischen Ihren Visualisierungen bloß nicht mit Bullet Points!
Ein Beispiel: Angenommen, Ihre Industrieroboter verkürzen einen Fertigungsprozess um 20%.

Im Mittelteil Ihrer Präsentation führen Sie Ihr Argument mit einer Illustration an, die *„per bildhaftem Schnappschuss"* zeigt, was 20% Zeitersparnis konkret bedeuten. *„Ich möchte Ihnen nun Details zu dieser Situation nennen"*, fahren Sie fort, während Sie auf den Presenter klicken ... und im Anschluss zeigen Sie KEINE Bullet Points bzw. mit Zahlen vollgestopfte Tabellen. Denken Sie an Ihr Publikum: Sie haben Ihre Hörer bis zu diesem Punkt mit emotional anregenden Bildern für das Thema *„heiß"* gemacht und nun würden Sie diesen Elan durch kühle, in Masse auftretenden, Zahlen mit einem Mal verspielen!

Machen Sie es anders und behalten Sie den Fokus dort, wo er hingehört: bei Ihnen als Storyteller! Werfen Sie deshalb z.B. nur eine einzige Zahl im Anschluss auf die Leinwand; in Grün, wenn sie etwas Positives aussagt, in Rot, wenn sie etwas Negatives bezeichnet. Die Signalfarben, in denen die Zahlen erscheinen, wecken bei Ihren Hörern Aufmerksamkeit und die Anwesenden haben eine weitere Motivation, den Fokus auf Sie zu richten.

Verfahren Sie genauso bei Kernaussagen, die Sie zwischen den mentalen oder tatsächlichen Bildern Ihrer Story verwenden möchten. Platzieren Sie die Aussage groß und fett in die Mitte der Leinwand, stellen Sie sicher, dass die Aussage knackig und spannend ist und erzählen Sie dann die Details dazu. Wieder wandert der Fokus auf Sie, denn nur bei Ihnen gibt es die Antwort auf die emotional anregende Zahl oder Aussage.

Behalten Sie folglich meine Daumenregel im Kopf: Verwenden Sie pro PowerPoint Slide nur **eine** knackige Aussage in Form eines Textes, einer Zahl oder eventuell eines Symbols! Mehr als eine Botschaft verwirrt Ihre Hörer, weil multiple Aussagen die Aufmerksamkeit spalten.

Abschließend zu diesem Thema: Geben Sie Info-Material, das Sie für Ihre Präsentation vorbereitet haben, erst NACH Ihrem Vortrag heraus. Auch für diesen Punkt gilt das Motto:

Vermeiden Sie eine Spaltung der Aufmerksamkeit unter den Anwesenden. Haben Sie Material auf den Tischen verteilt während Sie präsentieren, haben Sie immer Teilnehmer vor sich, die aus berechtigter Neugier in Ihrem Material blättern. Sie als Storyteller verlieren dann an Aufmerksamkeit und somit an der so wichtigen Kontrolle, von der ich bereits geschrieben habe.

Kapitel Fünf: Am Ende steht mehr als ein „Danke“!

Eine Faustregel gleich zu Anfang: Enden Sie so, wie Sie begonnen haben! Sie kennen diese Technik aus dem Film: Die erste Szene einer filmischen Erzählung wird an deren Ende nochmals aufgegriffen. Denken Sie z.B. an die Feder am Beginn und Ende von *„Forest Gump“*.
Wenn Sie dieses Stilmittel nutzen, verschaffen Sie Ihrer Präsentation den eleganten Anschein eine inhaltlich *„runde Sache“* zu sein. Bedenken Sie in diesem Zusammenhang auch, dass Ihnen Ihr Publikum potentiell die meiste Aufmerksamkeit am Anfang bzw. am Ende (*„Gleich ist's vorbei, jetzt gibt's die Zusammenfassung!“*) Ihrer Präsentation zukommen lässt. Dieser Erfahrungswert lässt einen beeindruckenden Anfang und ein gleichermaßen gutes Ende nochmals wichtiger erscheinen. An diese beiden Teile erinnert sich Ihr Publikum am ehesten! Stellen Sie also sicher, dass diese Abschnitte Ihrer Präsentation besonders gelungen und geschliffen erscheinen.
Eine Anmerkung für Notfälle: Auch wenn Ihre Argumente, unterstützt durch die richtigen mentalen oder tatsächlichen Bilder, aus irgendeinem Grund nicht überzeugend sind, wirken ein Anfang und ein Ende, die sich aufeinander beziehen, Wunder. Der sich inhaltlich schließende Kreis kaschiert so manch eine Auslassung oder Ungereimtheit im Mittelteil Ihres Vortrages.
Am Anfang dieses Buches haben wir für den Beginn Ihrer Präsentation u.a. vom Darstellen eines haptischen Kontrastes zwischen einem ganzen Stapel Papiere, den ein Mitarbeiter aus dem Accounting innerhalb eines Monats manuell abzuarbeiten hat, und drei dünnen Seiten, die stattdessen automatisiert auf dem Tisch derselben Person landen können, gesprochen.

Das in die Höhe halten dieser beiden Gegenstände ist Ihr emotional anregender Einstieg in Ihre Präsentation gewesen, der das Kopfkino in Ihrem Publikum zum Laufen gebracht hat. Ihre Aufgabe zum Abschluss Ihres Vortrages ist es nun, diese mentale Geschichte im Kopf zu einem sauberen Abschluss zu bringen.

Ihnen steht z.B. die Möglichkeit offen, den manuellen bzw. automatisierten Stapel nach Ihrem Einstieg aus dem Sichtfeld der Anwesenden zu bringen. Im Mittelteil Ihrer Präsentation bringen Sie wie besprochen Ihre Argumente vor - unterstützt durch mentale oder tatsächliche Bilder - und wenn Sie am Ende Ihres letzten bildgestützten Argumentes angelangt sind… machen Sie eine Pause und blicken direkt in die Augen Ihres Publikums.

Achten Sie darauf, dass Sie die Aufmerksamkeit Ihres gesamten Publikums einfangen (dass Sie also auch die Hörer wieder einfangen, die Ihnen zwischendurch verloren gegangen sind). Greifen Sie erneut zu Ihren beiden Requisiten vom Anfang und halten Sie die Objekte erneut sichtbar in die Höhe.

„Mit diesem finalen Argument schließt sich der Kreis und wir kommen zum anfänglichen Kontrast zurück. Sollen es für Sie künftig weiter manuelle Papierberge sein oder setzen Sie künftig auf automatisierte Übersichten von 2-3 Seiten Dicke? Im Gegensatz zum Beginn meiner Präsentation ist Ihre Entscheidung nun nicht länger eine rein emotionale, sondern eine argumentativ fundierte Entscheidung zwischen Ihrem Status Quo und einer digitalen Zukunft. Herzlichen Dank!"

Sie können den Abschluss Ihrer Präsentation auch abwandeln. Erneut verbergen Sie Ihre Requisiten nach dem Einstieg und gehen zum Mittelteil über. Zum Abschluss können Sie alternativ diese Worte wählen: *„Meine Damen, meine Herren, dies sind die Gründe, weshalb Sie in meinen Augen unsere Lösung in die Prozesse Ihres Unternehmens integrieren sollten.*

Wenn Sie auch nur eine Information aus diesen 20 Minuten mitnehmen, bitte ich Sie (erneuter Griff unter den Tisch) *sich allein an diesen automatisierten Stapel von nur 3 Blättern zu erinnern, der Ihr Unternehmen von einem ganzen Berg an nicht wertschöpfender Arbeitslast befreien kann!* (Sie platzieren die 3 Blätter, für jeden Anwesenden sichtbar, in der Mitte des Tisches) *Vielen Dank!"*

Beide Abschlüsse führen das Kopfkino Ihres Publikums bis zum letzten Wort Ihres Vortrages fort - und rufen die Anwesenden sogar dazu auf, über Ihre Worte hinaus über Ihre Lösung nachzudenken. Sie schließen Ihre Vorführung auf diese Weise bei einem Höhepunkt und verzichten zugleich auf sprachliche Einschübe, die die Kraft der Botschaft abschwächen.

Ein Beispiel für abschwächende Worte ist die Aussage: *„Wenn Sie Fragen haben, stehe ich Ihnen gerne zur Verfügung!"* Nicht nur, dass dieser Satz zu den ausgelutschtesten Sprüchen in der Geschichte des Präsentierens gehört, er versteht sich von selbst. Niemand im Raum vermutet, dass Sie nach Ihrem *„Vielen Dank!"* wortlos Ihren Rechner zusammenpacken und ebenso schweigend den Raum und das Gebäude verlassen. Selbstverständlich folgt Ihrer Präsentation eine Frage und Antwort-Runde bzw. eine Verabschiedung!

Darüber hinaus vermeiden Sie durch das Auslassen der obigen Aussage ein tiefes Fettnäpfchen, das die Kraft Ihres Kopfkinos aufsaugt wie ein Schwamm: Wenn Sie nur leicht verhüllt um Fragen aus dem Publikum bitten, und kein Mensch hebt die Hand, um Sie etwas zu fragen, stehen Sie trotz einer guten Präsentation ziemlich blöd da. Diese Gefahr ist in meinen Augen sehr realistisch, da viele Redner aus nervöser Sehnsucht nach dem Ende der Präsentation schneller und schneller sprechen und die dann folgende, indirekte, Bitte nach Fragen das Publikum komplett überrascht.

In der Regel haben die Anwesenden Fragen; wenn die Bitte darum aber rasant wie ein Blitz und aus heiterem Himmel auf sie niederbricht, sind Ihre Hörer erstmal still… und diese Stille setzt einen ungeschickten Schlussstrich unter ihre Präsentation.

Kapitel Sechs: Unnütze Ratschläge, die Sie getrost vergessen können

Es gibt Tipps im Präsentieren, die braucht in meinen Augen kein Mensch. Vielleicht haben Sie auch in diesem Buch von mir Tipps gelesen, bei denen es Ihnen so geht. Ich finde es in diesem Fall gut, dass Sie so kritisch mitlesen!

Im Folgenden meine kurze Liste an solchen widersinnigen Tipps:

„Danken Sie niemals Ihrem Publikum!"

In meinen Augen zeugt dieser Tipp von Arroganz! Im Endeffekt sagen diese Tipp-Geber, dass Sie als Redner etwas Besseres sind als Ihr Publikum und Sie somit nicht die Notwendigkeit sehen sollten Ihrem Publikum zu danken.

Das genaue Gegenteil ist in meinen Augen der Fall. Kein Unternehmen dieser Erde schuldet Ihnen als Vertriebler auch nur einen Wimpernschlag lang Aufmerksamkeit, auch wenn die Firma nur durch Ihr Produkt allein vom Untergang gerettet werden kann. Zeit in einem Terminkalender für eine On-Site-Präsentation zu erhalten, ist stets ein Privileg für Sie. Die beiden Worte *„Vielen Dank"* am Ende Ihrer Präsentation sind daher ein eleganter, schneller und wertschätzender Ausdruck Ihres Dankes an Ihre Hörer.

„Bleiben Sie stets an einer Stelle stehen, wenn Sie reden!"

Simple Gegenfrage: *„Warum?"* Wenn Sie eher der nervöse Typ sind, mag es nützlich sein, an einer Stelle stehen zu bleiben, damit Sie sich nicht in noch mehr Nervosität „hineinlaufen". Anderseits: Wenn Sie nervös sind, neigen Sie in der Regel zu einem schüchternen Auftreten vor Ihrem Publikum; wenn Sie dazu noch wie angewachsen auf der Stelle stehen, wirken Sie allzu schnell sehr langweilig.

Darüber hinaus: Gerade wenn Sie nervös sind, lohnt es sich über bewusste Schritte auf Ihrer Bühne aufgestaute Energie *„abzulaufen"*.

Machen wir das gegenteilige Gedankenspiel. Ich persönlich sehe mich als extrovertierten Speaker mit spürbarer Passion in der Brust. Überlegen Sie, wie grotesk es aussehen würde, wenn solch ein Charaktertyp zum Stillstehen *„verurteilt"* wäre. Auf der Bühne, wie generell im Leben, nehmen Menschen viel über unbewusste Impulse wahr. In dieser Situation wurden etliche Menschen daher einen spürbaren Kontrast zwischen passioniertem Reden und stoischer Körpersprache wahrnehmen. Ein Kontrast, der Ihnen in diesem Fall nicht nutzt, sondern schadet.

Befreien Sie sich also von diesem einschränkenden Tipp und bewegen Sie sich so viel oder so wenig auf der Bühne, wie Sie dies für richtig halten. Kontrolliert und bewusst, anstatt zwanghaft und hektisch, sollten Ihre Bewegungen aber schon sein!

„Haben Sie nie einen Ihrer Zuhörer im Rücken – das ist unhöflich!"

Ich stimme diesem Tipp zur Hälfte zu. Angenommen, Ihr Publikum sitzt in einer U-Formation um Sie herum (während Sie stehen) und Sie bewegen sich in den *„Bauch"* des *„U's"* hinein - und bleiben dort; in diesem Fall grenzen Sie dauerhaft einen Teil Ihres Publikums aus. Menschen mögen es nicht für 15-20 Minuten den Rücken eines Redners zu sehen.

Dieses Beispiel ist allerdings ein extremes. Viel üblicher ist es, dass Sie sich als Redner im Raum konstant vor und zurück bewegen. Sie sollten sogar im Verlauf Ihrer Präsentation entschieden nach vorne treten; z.B., wenn Sie einem Hörer direkt adressieren möchten: *„Sie schauen mich nickend an, was geht Ihnen gerade durch den Kopf?"* Treten Sie in Fällen wie diesen ein gutes Stück näher an die Person heran (aber nicht so nahe, dass sie sich eingeschränkt fühlt; und stehen Sie bestenfalls seitlich zur Person, um nicht konfrontativ zu wirken).

Wenn die Interaktion mit der Person vorbei ist, treten Sie wieder zurück, sodass Sie für jeden Anwesenden von vorne zu sehen sind. Niemand wird Ihnen diesen kurzfristigen *„Ausflug"* übelnehmen.

„Zeigen Sie durch Ihr ausgedehntes Fachwissen, dass Sie Experte sind."

Üblicherweise ist das ein grauenhafter Tipp, denn er bedeutet in der Regel Fachsprache In einem Deutsch, das bestenfalls an Universitäten benutzt wird. Mein Leitmotiv lautet in diesem Zusammenhang: **Kompliziert reden kann jeder, schwer Verständliches einfach begreifbar zu machen, ist dagegen eine Kunst.**

Halten Sie sich in diesem Kontext die Frage vor Augen: Für wen reden Sie eigentlich? Eindeutig für Ihr Publikum, damit es Ihr Produkt in Form von blitzartigen, visuellen Erinnerungen im Kopf behält. Ihr Ziel ist demnach nicht das massenhafte Produzieren von Fachwort-Nudelsätzen, sondern der Transfer von intuitiv verständlichen Informationen von Ihrem Kopf in die Köpfe der Entscheider.

Kapitel Sieben: Der Schritt, der am meisten Angst macht

Den letzten Satz des vorangegangenen Kapitels möchte ich als Abschluss dieses Buches nutzen. In den vorangegangenen 31 Seiten haben Sie im Detail erfahren, wie Sie Storytelling in Ihre Präsentationen einbauen können; der angesprochene Transfer von intuitiv verständlichem Wissen wird dann die logische Konsequenz aus Ihrer Arbeit sein, wenn Sie die Inspirationen aus meinem Text auch in der Praxis beherzigen.

Das abschließende Kapitel eines Buches neigt dazu, Inhalte unnötigerweise zu wiederholen. Ich möchte diesem Schicksal entgehen und Sie stattdessen auf den Schritt im Präsentieren mit Storytelling vorbereiten, der Speakern am meisten Angst macht: dem Tun!

Das Lesen eines Buches macht Spaß, wenn der Leser oder die Leserin glaubt, jetzt hat sie die Ideen im Text verstanden - doch am Ende kommen all die Selbstzweifel zurück, die Sie als Leser zu Beginn des Buches hatten. Der Autor verabschiedet sich leise mit der letzten Zeile des Buches und Sie stehen wieder alleine und inhaltlich unsicher da - wie zu Beginn Ihrer Lektüre. Das eigenständige Tun des Gelernten wird dann zum Horror-Szenario.

Mein Rat passt in eine Zeile: Folgen Sie Ihrem ersten Impuls und legen Sie los!

GUTEN ERFOLG !